BEI GRIN MACHT SICH
WISSEN BEZAHLT

- Wir veröffentlichen Ihre Hausarbeit,
  Bachelor- und Masterarbeit

- Ihr eigenes eBook und Buch -
  weltweit in allen wichtigen Shops

- Verdienen Sie an jedem Verkauf

Jetzt bei www.GRIN.com hochladen
und kostenlos publizieren

Alexander Rothe

Das Konzept implizit typisierter Variablen und Dynamic Objects mit Bezug auf deren Umsetzung in C# 4.0

GRIN Verlag

Bibliografische Information der Deutschen Nationalbibliothek:

Die Deutsche Bibliothek verzeichnet diese Publikation in der Deutschen National-
bibliografie; detaillierte bibliografische Daten sind im Internet über http://dnb.d-
nb.de/ abrufbar.

Impressum:

Copyright © 2010 GRIN Verlag GmbH
Druck und Bindung: Books on Demand GmbH, Norderstedt Germany
ISBN: 978-3-640-78251-2

Dieses Buch bei GRIN:

http://www.grin.com/de/e-book/162772/das-konzept-implizit-typisierter-variablen-
und-dynamic-objects-mit-bezug

GRIN - Your knowledge has value

Der GRIN Verlag publiziert seit 1998 wissenschaftliche Arbeiten von Studenten, Hochschullehrern und anderen Akademikern als eBook und gedrucktes Buch. Die Verlagswebsite www.grin.com ist die ideale Plattform zur Veröffentlichung von Hausarbeiten, Abschlussarbeiten, wissenschaftlichen Aufsätzen, Dissertationen und Fachbüchern.

Besuchen Sie uns im Internet:

http://www.grin.com/

http://www.facebook.com/grincom

http://www.twitter.com/grin_com

Helmut-Schmidt-Universität Hamburg

Professur für BWL, insbes. Wirtschaftsinformatik

Von Alexander Rothe

Das Konzept implizit typisierter Variablen und Dynamic Objects
mit Bezug auf deren Umsetzung in C# 4.0

Hamburg, den 25.05.2010

Inhaltsverzeichnis

„Well-typed programs cannot go wrong"

Robin Milner, 1978[1]

1. Einleitung

C# gehört zu den in letzten Jahren meistverwendeten Programmiersprachen. Die Sprache bleibt nicht auf einem Punkt stehen. Mittlerweile ist die Version 4.0 eingeführt worden und der Sprachumfang wächst mit jeder neuen Version. Die ansteigende Funktionalität und der in den Vordergrund rückende Komfort steigern die Mächtigkeit von C# mit jeder Version. Der Grundgedanke den C# von Anfang an verfolgt, eine stark typisierten Sprache mit der Gewährleistung einer hohen Typsicherheit, soll bestehen bleiben.[2] C# wurde konzipiert, um robuste und langlebige Komponenten entwickeln zu können, die die Bewältigung des realen Lebens erleichtern. Die Komponenten bilden den Mittelpunkt für alle Objekte und stellen die Kernelemente der Sprache. Robustheit und Langlebigkeit der Software sind wichtige Aspekte, die monatelang laufende Webserver ohne außerplanmäßige Neustarts ermöglicht haben. Gerade die einfache, sichere und intuitive Umgebung sowie eine Fehlerbehandlung die Ausnahmebehandlungen ermöglicht, haben dazu beigetragen. Die wichtigste Voraussetzung dafür liegt in der Typsicherheit der Sprache. Sie schützt den Programmierer vor unsicheren Typumwandlungen, vor nicht initialisierten Variablen und anderen häufig auftretenden Programmierfehlern.[3]

In dem Entwicklungsprozess von C# und mit dem Erscheinen neuer Versionen hat sich an der Typisierung in C# grundlegendes verändert. Ab Version 3.0 ist die Verwendung implizit typisierter Variablen erlaubt. In Version 4.0 wurde mit den dynamischen Objekten noch einen Schritt weiter gegangen. Die vorliegende Seminararbeit soll einen Einblick in diese zwei Konzepte geben und sich mit deren Herkunft und Funktionsweise auseinander setzen. Die Frage bei der Beurteilung der Innovationen ist, ob und warum Veränderungen in dem Typsystem durchgeführt wurden. Die Begründung der Vorteile ist genauso maßgeblich, wie das Aufdecken von Nachteilen. Der zusammenfassende Vergleich ermöglicht einen Überblick, wann implizit typisierte Variablen oder dynamische Objekte eingesetzt werden können. Dabei ist der Grundgedanken von C#, die Entwicklung langlebiger und robuster Programme, zu bewahren.

---

[1] Vgl. Pierce, Benjamin C.: S.11.
[2] Vgl. Mössenböck, Hanspeter: S.vii.
[3] Vgl. Gunnerson, Eric: Kapitel 1.2.2.

2. Das Typsystem in der Programmiersprache C#

Die Konzepte, die in dieser Seminararbeit vorgestellt werden sollen, basieren auf einem Typsystem. Das Prinzip ist bei vielen Programmiersprachen ähnlich, unterscheidet sich im Detail stark. Bevor die Konzepte erläutert werden, soll zunächst ein Überblick über die Verwendung von Typsystemen, das einheitliche Typsystem in C# und dem Typ object als Sonderrolle gegeben werden. Dieser soll grundlegende Voraussetzungen schaffen, die nötig sind, um das Grundgerüst der Typisierung in C# und aufbauende Konzepte nachvollziehen zu können.

In der Programmierung muss Speicher für Daten reserviert werden. Wie viel Speicher benötigt wird, ist abhängig von dem Typ der Daten. Während des Programmverlaufs können Variablen verschiedene Typen annehmen. Dieser legt den Wertebereich einer Variablen fest. In getypten Sprachen können Variablen Typen zugeordnet werden. Ist der Wertebereich nicht eingeschränkt spricht man von einer ungetypten Programmiersprache. Bei diesen Sprachen kommt ein universeller Typ oder gar keine Typen zum Einsatz. Das erlaubt die Verwendung von Operationen auf nicht vorgesehene Argumente. Die Folge können abhängig von der Sprache Exceptions, Fehler bis nicht spezifizierbare Effekte sein. Das Verhindern von Fehlern ist Aufgabe von Typsystemen.[4] Typsysteme sind Bestandteile jeder getypten Sprache. Sie überwachen die Variablen, alle Ausdrücke des Programms und die Einhaltung der nach der Programmiersprache spezifizierten Regeln. Ein solches Typensystem findet in C# Anwendung. In der getypten Sprache C# sind wie in anderen Programmiersprachen Typen vordefiniert. Dazu gehören einfache Typen wie Zahlen, Zeichen und boolesche Werte, wobei zwischen den meisten einfachen Typen eine Kompatibilitätsbeziehung besteht.[5] Als Referenztypen stehen Strings als Zeichenketten zur Verfügung. Neben den vordefinierten können Typen von den Benutzern definiert werden. An benutzerdefinierten Werttypen bietet C# Enumerationen und Structs. Benutzerdefinierte Referenztypen in Form von Klassen, Interfaces, Delegates oder Arrays sind in C# möglich. Bis zur Einführung von C# 3.0 musste bei der Deklaration einer Variablen eine der zum Beispiel aufgeführten Datentypen bei der Programmierung in C# angegeben werden. Sonst hätte der Compiler einen Kompilierungsfehler ausgegeben.[6]

---

[4] Vgl. Grumm, Peter Hans; Sommer, Manfred: S.127.
[5] Vgl. Mössenböck, Hanspeter: S.17ff.
[6] Vgl. Kühnel, Andreas: Kapitel 8.2.1.

In C# sind alle Typen mit dem Typ object kompatibel. Dieser Typ hat in C# eine besondere Bedeutung. Er bildet die Basis für die Typhierarchie und wird vom Compiler auf der Klasse System.Object abgebildet. Alle Typen stammen vom Typ object ab. Er kann auf beliebige Daten zeigen, einschließlich jeder von der Anwendung erkannten Objektinstanz. Die Verwendung von object macht bei Variablen Sinn, bei denen man zur Kompilierungszeit nicht weiß auf welchen Datentyp sie zeigt. Der Zugriff erfolgt typsicher. Das bedeutet in dem Zusammenhang, dass der ursprüngliche Typ der Daten bekannt ist. Wenn eine Zahl als object abgelegt ist, kann auf sie nicht wie auf einen Text zugegriffen werden. Jeder Referenztyp kann in object umgewandelt und in den Ursprung zurückgewandelt werden. Dies betrifft nicht ausschließlich Referenztypen. Werttypen können durch boxing verarbeitet werden.[7]

Bei einer Zuweisung durch object von Werttypen wird der Wert in ein Objekt einer implizit erzeugten Hilfsklasse eingebunden und der Variablen zugeordnet. Das wird als boxing bezeichnet. Beim unboxing wird der Wert aus dem Hilfsobjekt ausgepackt. Der Vorteil wird bei generischen Container-Typen ersichtlich. Durch das boxing und unboxing kann man diese Typen mit Elementen eines Referenztyps und eines Werttyps bereichern. Das Boxing und Unboxing ist leistungsintensiv.[8] Unabhängig vom Datentyp bleibt, dass eine Object-Variable nicht auf den eigentlichen Datenwert zeigt. Der Code zum Lokalisieren der Daten dauert aufgrund des Zeigers bei Werttypen etwas länger, als bei Variablen mit einem expliziten Typ.[9]

Die Klasse System.Object hat eine Sonderstellung in C#. Alle Klassen in C# sind direkt oder indirekt von dem Wurzelelement System.Object abgeleitet. Durch die in der Klasse System.Object enthaltenen Methoden, die von den Klassen und Structs geerbt werden, können die Methoden auf Objekte mit verschiedenen Typen angewandt werden. Bei boxing-Werten wird der Aufruf von object- Methoden an die eingepackten Objekte weitergegeben. Zu den wichtigsten Methoden gehört GetType. Diese liefert den Typ einer Konstanten, Variablen und eines ganzen Ausdrucks als Objekt des Typs System.Type. Durch die implizite Vererbung benötigen Programmiersprachen vorwiegend keine Klasse zur Deklaration der Vererbung von Object.[10]

---

[7] Vgl. Roden, Golo: S.19.
[8] Vgl. Mössenböck, Hanspeter: S.26ff.
[9] Vgl. MSDN Library/Datentyp/Object-Datentyp.
[10] Vgl. MSDN Library/System-Namespace/Object-Klasse.

3. Implizit typisierte Variablen

Als erstes soll definiert werden, was Typinferenz in der Informatik bedeutet. Die Typinferenz wurde vor und unabhängig von C# entwickelt. Die Entwicklung wird nachfolgend an einem Beispiel der verwendeten Typüberprüfung in Haskell dargestellt. Anschließend werden Möglichkeit der Implementierung von implizit typisierten Variablen in der Sprache C# aufgezeigt und warum Typinferenz in deren Typsystem eingeführt wurde. Zusammenfassend soll durch Erläuterung der Vor- und Nachteile, die durch dieses Konzept entstehen können, eine Beurteilung der Einführung von Typinferenz in C# versucht werden, die den Umgang mit implizit typisierten Variablen verdeutlicht.

3.1. Typinferenz als Basis implizit typisierter Variablen

Das englische Wort inference ist die Abstammung des Ausdrucks Inferenz. Es kann als Rückschluss oder Schlussfolgerung übersetzt werden.[11] In Zusammenhang mit den Typen bedeutet Typinferenz Typrückschluss. Auf die Informatik bezogen heißt das auf einen nicht explizit angegebenen Typ für einen gegebenen Ausdruck rückschließen zu können. Hierzu wird ein Algorithmus zur Hilfe genommen, um auf den richtigen Typ folgern zu können. Das finden eines Algorithmus hierzu kann schwer oder nicht möglich sein. Der Grund ist die starke Abhängigkeit der Typinferenz von dem jeweiligen Typsystem.

3.2. Entwicklung in der Programmierung

Hindley hat 1969 die Idee der Typinferenz von Curry aus den 1950er Jahren aufgegriffen.[12] Milner hat diese Idee aufgegriffen und wird als Innovator der Typinferenz gesehen. Durch die Wiederentdeckung von Milner gab es einen wesentlichen Fortschritt in den Programmiersprachen. Die Folge waren anspruchsvollere Typsysteme, die die Voraussetzung für Typinferenz bildeten. Die Typinferenz lässt sich gut am Hindley-Milner Typsystem, der ursprünglichen Basis moderner Typinferenzen[13], veranschaulichen. Dieses System findet zum Beispiel in den Programmiersprachen ML und Haskell Anwendung. Die Hindley-Milner

---

[11] Vgl. Duden - Das große Fremdwörterbuch: "Inferenz".
[12] Vgl. http://www.cis.upenn.edu/~bcpierce/types/archives/1988/msg00042.html.
[13] Vgl. Pierce, Benjamin C.: S.336.

Typüberprüfung soll an einem Beispiel erläutert werden. Zur Verdeutlichung eine Erläuterung einer konventionellen Typüberprüfung des Codestücks x[a] + a.[14] Bei einer konventionellen Typprüfung müssen x und a deklariert sein. Die Variable a als ein Integer-Wert und x als ein array of Integer. Die Typüberprüfung erfolgt am Beispiel des folgenden Syntax Baumes:

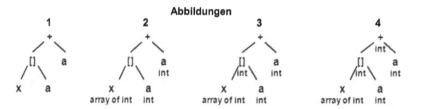

Abbildung 1 entspricht der Ausgangsbasis. Als erstes werden gemäß Abbildung 2 an den Blattknoten die Typnamen der Deklarationen übernommen. Danach wird der Unterknoten geprüft. Der rechte Operand muss einem Integer-Wert entsprechen und der linke einem array-Wert. Diese Überprüfung ist aufgrund der tatsächlichen Typen fehlerfrei. Der Typ des Unterknotens "[]" wird aus diesen Operanden geschlossen. Er erhält wie in Abbildung 3 einen Integer als Basis des arrays. Zum Schluss erfolgt eine Prüfung des "+"-Knotens. In einer Sprache ohne implizite Konversionen müssen beide Operanden dem selben Typ entsprechen und für die "+"-Operation definiert sein. Im Beispiel ist dies der Fall und das Resultat in Abbildung 4 veranschaulicht ein Integer-Wert.

Nun die Erläuterung der Typüberprüfung mit gleicher Ausgangsbasis ohne deklarierte Typen, wie sie bei Typinferenz erfolgt.

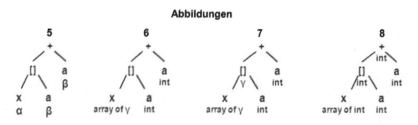

Intern bekommen wie in Abbildung 5 alle Typen einen internen Typnamen zugewiesen. Die Untersuchung des Unterknotens "[]" ergibt, dass x den Typ array

[14] Vgl. http://www.fh-wedel.de/~si/seminare/ws04/Ausarbeitung/4.Typcheck/staTyp4.htm (15.05.2010).

haben muss ohne den Basistyp zu kennen. Weiterhin sind nur Integer als Index eines arrays erlaubt, was auf den Typ von a schließen lässt. Mit Abbildung 6 als Grundlage schließt die Prüfung, in Abbildung 7 ersichtlich, auf einen fehlerfreien Unterknoten und dass dessen Resultat der Basistyp von a ist. Bei der Untersuchung des "+"-Knotens ermittelt die Typüberprüfung aus den beiden Operanden einen Integer für den Basistyp des arrays. Das Ergebnis Abbildung 8 entspricht der Abbildung 4 und beweist eine gleiche Lösung bei beiden Verfahren.[15]

3.3. Implementierung in C#

Mit dem Schlüsselwort var gestattet die Typinferenz seit C# 3.0 eine Variable zu deklarieren ohne für sie einen Datentyp angeben zu müssen:

```
var x = 3.5;      //x wird als double kompiliert
```

Die Variable wird nicht zur Laufzeit gebunden. Der Compiler wählt den am besten, zu dem rechts vom Zuweisungsoperator stehenden Ausdruck, passenden Datentyp aus. In dem Beispiel ist es ein Datentyp vom Typ double. Die Variable wird vom Compiler als double-Typ deklarierte behandelt. Beim abgeleiteten Typ kann es sich um ein Ausdruck, ein integrierter Typ, ein anonymer Typ, ein benutzerdefinierter Typ oder ein in der .NET Framework-Klassenbibliothek definierten Typ handeln. Zur Veranschaulichung zwei weitere Beispiele:

```
var s = "Student";      //s wird als string kompiliert
var a = new[] { 0, 1, 2 }; //a wird als int[]-Array kompiliert
```

Bei der Verwendung implizit typisierter Variablen sind Restriktionen zu beachten.[16] Die Zuweisung von null zu einer implizit typisierten Variablen ist nicht gestattet. Es muss sich um eine lokale Variable handeln. Parameter oder Felder von Klassen oder Structs sind nicht zulässig. Die Variable muss bei der Deklaration initialisiert werden. Eine Methode darf nicht den Typ var zurück geben und ein Methodenparameter nicht mit var deklariert werden. Mit var deklarierte Variablen dürfen nicht im Ausdruck der Initialisierung verwendet werden. Das heißt das im Gegensatz zum richtigen Ausdruck int y = (y = 10) der Ausdruck var z = (z = 10) einen Kompilierungsfehler bewirkt.

---

[15] Vgl. http://www.fh-wedel.de/~si/seminare/ws04/Ausarbeitung/4.Typcheck/staTyp4.htm (15.05.2010).
[16] Vgl. MSDN Library/Methoden (C# -Programmierhandbuch)/Implizit typisierte lokale Variablen.

Implizit typisierte Variablen gehen über die Verwendung als lokale Variablen hinaus. Eine Möglichkeit ist der Einsatz in `for`- und `foreach`-Schleifen[17]:

```
for (var z = 1000; z > 0; z--)...
foreach (var Bürger in Deutschland)...
```

Die Einführung des Schlüsselwortes var liegt insbesondere in der weiteren Entwicklung eines mächtigen Konzepts in C# 3.0, das Konzept der anonymen Typen.[18] Seit dieser Version kann bei der Erzeugung eines Objekts implizit die Struktur der Klasse bestimmt werden, der das Objekt zugehörig sein soll. Die Realisierung erfolgt über eine Abfolge von Property-Zuweisungen. Die definierte Klasse hat keinen Namen und ist anonym.[19] Zur Veranschaulichung eine Beispielklasse:

```
class ??? {
        public int Höhe {get; private set;}
        public int Breite {get; private set;}
}
```

Der Name der Klasse ist unbekannt. Sie ist anonym. Das Objekt dieser Klasse kann durch den Ausdruck

```
new { Höhe = 10, Breite = 20 }
```

erzeugt werden. Wenn dieses Objekt einer Variablen zugewiesen wird, ist durch die Einführung der Typinferenz in das Typensystem von C# 3.0 und dem Schlüsselwort var diese Variable deklarierbar, ohne dass der Datentyp bekannt ist:

```
var v = new { Höhe = 10, Breite = 20 };
```

Der Compiler leitet den Typ von v automatisch von dem rechts vom Zuweisungsoperator stehenden Ausdruck ab, der jener anonymen Klasse entspricht, die oben beschrieben wurde. Wegen der Deklaration lokaler Variablen mit var, bleibt ein Objekt einer anonymen Klasse immer lokal zur erzeugten Methode.[20]

---

[17] Vgl. Kühnel, Andreas: Kapitel 8.2.1.
[18] Vgl. MSDN Library/Klassen und Strukturen (C#-Programmierhandbuch)/Anonyme Typen.
[19] Vgl. Albahari, Joseph; Albahari, Ben: S160.
[20] Vgl. Mössenböck, Hanspeter: S.212ff.

3.4. Beurteilung des Konzepts

Implizit typisierte Variablen werden als syntaktisches Hilfsmittel betrachtet, die optional eingesetzt werden können. Sie sind nützlich, um Werte abzuspeichern, deren Typ man nicht kennt oder benennen kann. Nur so lassen sich neue Entwicklungen wie anonyme Typen realisieren. Anstatt den Typ eines erzeugten Objekts in der Deklaration zu wiederholen:

```
Dictionary<string, int> dict = new Dictionary<string, int>();
```

kann man sich dies mit dem Schlüsselwort var ersparen:

```
var dict = new Dictionary<string, int>();
```

Die Vorteile des Typrückschlusses sind vielfältig. Gerade bei Technologien wie zum Beispiel LINQ-Abfrageausdrücken[21], in denen die Initialisierung einer Variablen mit einem anonymen Typ ein allgemeines Szenario ist, müssen Variablen mit var deklariert werden. Ist der Typ offensichtlich oder trägt nicht zur Lesbarkeit des Codes bei, kann man ohne Probleme auf var zurück greifen. Das kann auch die Programmierung von mühsam, über die Tastatur einzugebenden Typen erleichtern.[22] Von der Grundlage her, ist es vorstellbar, mit Einführung der Typinferenz in C# jede einfache Variable mit var zu deklarieren:

```
var stud = "Meier"; //anstatt string stud
var pi = 3.1415926; //anstatt double pi
```

Aufgrund der Verschlechterung der Lesbarkeit des Codes wird aber davon abgeraten. Wenn eine Variable mit dem richtigen Typ deklariert wird, ist das Verständnis des Ausdruckes einfacher.[23] Der Verwendung implizit typisierter Variablen steht nichts im Weg, solange dem Programmierer und anderen, die den Code verwalten müssen, die möglichen Probleme bewusst sind. Die Verkomplizierung des Codes und steigende Schwierigkeit in der Nachvollziehbarkeit für andere Entwickler, sprechen für eine Verwendung von var nur, wenn es nicht anders realisierbar ist.

---

[21] Vgl. Kühnel, Andreas: Kapitel 8.2.1.
[22] Vgl. MSDN Library/Methoden (C# -Programmierhandbuch)/Implizit typisierte lokale Variablen.
[23] Vgl. Mössenböck, Hanspeter: S.212ff.

4. Dynamisch getypte Variablen

Zu den größten Innovationen in der Version C# 4.0 gehört die Einführung dynamischer Objekte. C# ist ursprünglich eine statisch getypte Programmiersprache. Zuerst soll erläutert werden, was eine statisch typisierte Sprache ausmacht und was der Unterschied zu dynamisch typisierten Sprachen ist. Im Anschluss wird die mit Version 4.0 mögliche Implementierung des Konzepts in C# dargestellt. In einer Beurteilung der Anwendungsfelder für dynamische Objekte sollen mögliche Vor- und Nachteile der Einführung erläutert werden beziehungsweise was bei dem Umgang mit diesen beachtet werden muss.

4.1. Statische Typisierung

Static oder statisch sind synonym zu festgelegt oder gleichbleibend.[24] Bei statisch getypten Sprachen, zu der C# gehört, kennt der Compiler die Typen aller Methoden, Ausdrücke und Variablen. Diese Kenntnis verwendet er für die Typprüfung. Die Typprüfung während der Kompilierung kann Konflikte und Fehler vor der Ausführung und vorteilhafterweise vor der Auslieferung des Programmes erkennen. Das ermöglicht eine einfachere Fehlerbehebung noch im Entwicklungsprozess.[25] Durch die statische Typisierung gilt C# als eine Programmiersprache die typsicher ist. Der Compiler fängt viele Programmierfehler im Vorfeld ab. Zur Laufzeit können dadurch keine inkompatiblen Datentypen in Anweisungen und Ausdrücken auftauchen. Verboten sind Zeigerarithmetik und ungeprüfte Typumwandlungen in Anwendungsprogrammen, was in C++ möglich ist. C# stellt im erlaubten Bereich liegende Array-Indizes und zu einem definierten Ergebnis führende Typumwandlungen sicher. Unter anderem wegen diesen Regeln gilt C# als stark getypte Sprache und im Zusammenhang als typsicher. Fehler werden im Vorfeld versucht zu verhindern.[26] Die im Gegensatz zu Java alle vom Typ object abgeleiteten und dort deklarierte Methoden erbenden Datentypen ermöglichen ein einheitliches Typsystem.[27] Zur Verdeutlichung ein Beispiel der Verfahrensweise bei statischer Typisierung. Um den Ausdruck d.Quack() kompilieren zu können, muss der Compiler die Implementierung der Methode Quack finden. Angenommen der

---

[24] Vgl. Duden - Das Synonymwörterbuch "statisch".
[25] Vgl. Mössenböck, Hanspeter: S.255.
[26] Vgl. Albahari, Joseph; Albahari, Ben: S.2.
[27] Vgl. Mössenböck, Hanspeter: S.2ff.

Static-Typ von d ist Duck:

```
Duck d = ...
d.Quack();
```

Im einfachsten Fall, sucht der Compiler nach einer parameterlosen Methode Quack in Duck. Findet er dies nicht, wird die Suche ausgedehnt auf Methoden mit optionalen Parametern, Methoden die auf der Klasse von Duck basieren und erweiterte Methoden die Duck als ersten Parameter haben. Gibt es keine Übereinstimmungen bekommt man einen Kompilierungsfehler ausgegeben. Die Zuweisungen erfolgen durch den Compiler. Es hängt von dem Wissen der festgelegten Typen, im Beispiel von d, der Operanden ab. Das macht statische Typisierung aus.[28]

4.2. Prinzip dynamischer Objekte

Zu den dynamisch getypten Sprachen gehören Smalltalk und viele Skriptsprachen wie Ruby, Python oder Javaskript. Das dynamische Typisierungskonzept umfasst die Feststellung der richtigen Typisierung der Operanden einer Operation während der Laufzeit. Dynamisch getypte Sprachen zeichnet eine hohe Flexibilität aus. Ein aufwendiger Compiler ist nicht notwendig und wird von interpretierten Sprachen ohne Typprüfung während der Kompilierung genutzt.[29] Der Aufruf von d.Quack() in C# 3.0 hätte bei Deklaration von d mit object einen Kompilierungsfehler ausgegeben:

```
object d = ...
d.Quack();
```

Der Compiler weiß bei object nicht, ob d eine Methode namens Quack enthält. Der Aufruf war nicht verwertbar. Alle dynamischen Sprachen stellten für die statische Programmiersprache C# keine Typinformationen bereit. In der Version 4.0 wurde deshalb der Typ dynamic eingeführt.

```
dynamic d = ...
d.Quack();
```

Jetzt kann der Aufruf d.Quack() ohne Fehler während der Kompilierung

---

[28] Vgl. Albahari, Joseph; Albahari, Ben: S.161.
[29] Vgl. Mössenböck, Hanspeter: S.255.

implementiert werden, da die Prüfung auf die Laufzeit verschoben wird.[30]

4.3. Implementierung in C#

Mit der Bereitstellung des Typs dynamic, können Variablen die damit deklariert sind, beliebigen Typen zugewiesen werden. Über den Typ der Variable weiß der Compiler nichts. Der Typ dynamic kann als Basistyp von Object, in Abbildung 9 veranschaulicht, dargestellt werden[31]:

Abbildung 9

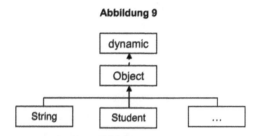

Bei Object weiß der Compiler welche Methoden der Typ besitzt. Bei dynamic ist das nicht der Fall. Er weiß, dass beliebige Typen an eine dynamic-Variable zugewiesen werden dürfen. Diese können zum Beispiel sein:

```
dynamic d;
d = 3;              //d enthält jetzt int-Wert
d = 'y';            //d enthält jetzt char-Wert
d = "Student";      //d zeigt jetzt auf String-Objekt
d = new Student();  //d zeigt jetzt auf Student-Objekt
```

Dynamic ist ein Referenztyp. Die Zuweisung eines Werttyps zu einer dynamic-Variablen erfolgt wie in object resultierend als boxing.

```
int i = d;          //Werttyp i bekommt d zugewiesen, boxing
bool b = d;         //Werttyp b bekommt d zugewiesen, boxing
string s = d;       //String-Objekt s zeigt auf d
```

Der Wert in d muss dem Typ der linken Zuweisungsseite entsprechen. Ist das nicht

---

[30] Vgl. Albahari, Joseph; Albahari, Ben: S.162.
[31] Vgl. Mössenböck, Hanspeter: S.256.

der Fall, tritt eine RuntimeBinderException auf. Das ist das Problem bei der Verwendung von dynamic. Der Compiler kann die Korrektheit der Zuweisung nicht untersuchen und damit Fehler nicht erkennen, die mit dynamic verursacht werden können[32]. Auf dynamic deklarierte Variablen können alle Operationen angewandt werden, die während der Laufzeit für das Objekt erlaubt sind, das die Variable enthält. Es sind zum Beispiel folgende Aufrufe mit der Variable dynamic d möglich[33]:

```
d.Met(5);        //1) Methodenaufruf
d.f = ...;       //2) Feldzugriff
d.P = d.P +1;    //3) Property-Aufruf
d[2] = d[1];     //4) Indexer-Aufruf
d = d + 4;       //5) Anwendung eines Operators
```

Während der Ausführung der Operationen werden diese zur Laufzeit geprüft. Diese sind bei Operation 1, ob d eine Methode Met mit einem int-Parameter enthält. Bei 2 ob ein Feld f in d existiert, das zum rechten Zuweisungstyp passt. Während der 3. Operation untersucht der Compiler, ob ein zu int kompatibles Property P enthalten ist. Beim Indexer-Aufruf in 4 wird d auf einen Indexer mit einem int-Parameter geprüft. Während Operation 5 untersucht der Compiler die Kompatibiliät zum "+". Das Ergebnis eines dynamic enthaltenden Ausdrucks ist dynamic, da der Compiler zwar mögliche passende Typen kennt, diese aber nicht genau zuordnen kann.[34] Neben der Typprüfung erfolgen auch die Methodensuche und die Berechnung von Feldadressen zur Laufzeit. Ist die Methode überladen, wird nach der passenden Variante der Methode während der Laufzeit gesucht. Nimmt man zwei überladene Methoden, so können Codestücke zu Aufrufen der verschiedenen Methoden führen:

```
void Met(string s) { ... }
void Met(int i) { ... }

dynamic d1 = "abc";
Met(d1);              //Aufruf Met(string)
dynamic d2 = 3;
Met(d2);              //Aufruf Met(int)
```

---

[32] Vgl. MSDN Library/Reference Types (C# Reference)/dynamic.
[33] Vgl. Mössenböck, Hanspeter: S.258.
[34] Vgl. Albahari, Joseph; Albahari, Ben: S168.

13

Die Suche nach der passenden Methode erfolgt nach den gleichen Prinzipien, wie die Suche bei statisch getypten Parametern. Das Suchverfahren unterscheidet sich nach dem Typ, den das Objekt zur Laufzeit hat. Neu in C# 4.0 ist das Interface IDynamicObject, welches Methoden enthält, an die die gesammelten Aufrufinformationen übergeben werden. Die Anbindung an dynamisch getypte Sprachen war die Hauptmotivation. Das Interface IDynamicObject kann zum Beispiel C#-Aufrufe in Python-Aufrufe übersetzen.

4.4. Beurteilung des Konzepts

Der Nutzen der Verwendung von dynamic in C# besteht in der Fähigkeit Objekte verarbeiten zu können, deren Typ zur Kompilierungszeit nicht feststehen oder nicht bekannt sind. Das ist ein großer Vorteil, da Objekte die aus anderen dynamisch getypten Sprachen wie Ruby oder Python kommen, die COM-Objekte sind, mittels Reflection erhaltene Objekte oder DOM-Objekte eines HTML-Dokuments verarbeitet werden können.[35] Der Schwierigkeit diese Objekte als statische Sprache zu verwalten, wird damit entgegen getreten. Die Überprüfung der Variablen bleibt bestehen, aber kann die Verschiebung der Prüfung von der Kompilierungszeit zur Laufzeit zu RuntimeBinderExceptions führen. Die notwendigen Methodensuchen, Typüberprüfungen und Berechnungen der Feldadressen gehen auf Kosten der Performance. Operationen auf dynamisch getypten Objekten sind langsamer als auf statisch getypten Variablen. Die Leistung für die möglichen zusätzlichen Arbeitsschritte während der Laufzeit muss bereit gestellt werden, was unter Umständen nicht möglich ist. Die Prüfung während der Laufzeit für dynamic-Objekte entspricht genau der, die vom Compiler durchgeführt wird. Die Typsicherheit von C# sollte größtenteils bewahrt werden. Die Verwendung von dynamic müsste auf das Nötigste beschränkt bleiben.[36] Es ist zu beachten, dass Tools wie IntelliSense in Visual Studio dem Programmierer bei dynamic deklarierten Variablen nicht mehr bei der Entwicklung des Programms unterstützen können. Wie der Compiler wissen solche Tools nichts über den genauen Typen der Variable. Selbst wenn das Schlüsselwort dynamic eingeführt wurde, bleibt C# in erster Linie eine statisch typisierte Programmiersprache.[37]

[35] Vgl. MSDN Library/Types (C# -Programming Guide)/Verwenden des Typs dynamic.
[36] Vgl. Mössenböck, Hanspeter: S.258.
[37] Vgl. Albahari, Joseph; Albahari, Ben: S.2.

5. Die Konzepte im Vergleich

Implizit typisierte Variablen einerseits und dynamische Objekte andererseits scheinen große Ähnlichkeiten zu haben. Es gibt einen fundamentalen Unterschied, der die Daseinsberechtigung für beide Konzepte rechtfertigt.[38] Vergleicht man eine mit var deklarierte Variable v mit einer dynamic deklarierten Variable d können beliebige Typen den Variablen zugewiesen werden. Bei der Kompilierung ist der Typ von v auch ohne Namen bekannt, über den Typ von d weiß der Compiler nichts. Einer mit object deklarierten Variable o können zwar beliebige Werte zugewiesen werden, aber bei o kennt der Compiler den Typ und die zugehörigen Methoden. Bei dynamic werden die Operationen dynamischer Objekte auf die Laufzeit verschoben. Man kann also zusammen fassen, dass bei var der Compiler und bei dynamic die Laufzeit den Typ ermitteln soll.[39] Der Vergleich an einem Codebeispiel:

```
dynamic d = "Text"; //Static-Typ: dynamic, Laufzeit-Typ: string
var v = "Text";      //Static-Typ: string, Laufzeit-Typ: string
int i = d;           //Laufzeitfehler
int j = v;           //Kompilierungsfehler
```

Beide Konzepte lassen sich miteinander kombinieren, denn mit var deklarierte Variablen können auch dynamic sein:

```
dynamic d = "Text";
var v = d;           //Static-Typ von v ist dynamic
int z = v;           //Laufzeitfehler
```

Bei der Verwendung des Schlüsselwortes var ist die Gefahr der Fehlerhaftigkeit aufgrund der Prüfung durch den Compiler im Regelfall geringer als bei dynamic, da hier eine Prüfung des Typs überhaupt erst zur Laufzeit möglich ist. Das wäre schlecht, wenn die Software bereits ausgeliefert wurde. Trotzdem gibt es einen Punkt die der Programmierer bei beiden Konzepten gleich beachten sollte. Die Frage ob var oder dynamic für den Code den er schreibt, wirklich in dem Moment notwendig sind. Wenn dies der Fall ist, wie können trotzdem die Lesbarkeit des Codes erhalten und die Fehler zur Laufzeit gering gehalten werden.

---

[38] Vgl. Mössenböck, Hanspeter: S.257.
[39] Vgl. Albahari, Joseph; Albahari, Ben: S.165.

6. Schlussbetrachtung

Wenn man die Gesamtentwicklung der Programmiersprache C# betrachtet, zählt sie primär nach wie vor zu den statische getypten Sprache mit einem einheitlichen Typsystem. Mit der Weiterentwicklung von C# werden dem Programmierer neue Möglichkeiten gegeben, die Programme komfortabler und funktioneller zu gestalten. Das soll nicht auf die Kosten der Typsicherheit gehen, die vor auftretenden Programmierfehlern schützt. Der Anspruch der Gewährleistung robuster und langlebiger Programme steht im Vordergrund. Die Bereitstellung von mehr Spielraum bei der Deklaration und einfachere Kompatibilität zu anderen dynamisch getypten Sprachen zeigt den Anspruch von C# weiterhin die meistgenutzte Programmiersprache in Zukunft zu bleiben.

Durch die in C# 3.0 eingeführte Typinferenz gehört das Typsystem immer noch zu den sicheren, da der Compiler einen Großteil der Fehler im Zusammenhang mit falsch deklarierten Variablen finden kann. Für die Verwaltung zum Beispiel anonymer Typen sind implizit typisierte Variablen eine Notwendigkeit. Mit C# 4.0 und der Verwendung dynamischer Objekte können nicht mehr alle Fehler zur Kompilierungszeit aufgedeckt werden, da die Prüfung auf die Laufzeit verschoben wird. Die Vorteile die sich hieraus ergeben, sprechen für die Einführung. Es ist wesentlich einfacher, Aufrufe für dynamisch getypte Sprachen zu konzipieren und Objekte deren Typ zur Kompilierungszeit unbekannt ist, im Programm einzubinden. Die Entwicklung von C# ist noch nicht am Ende. Die lange in anderen Sprachen erfolgreich genutzte Typinferenz zeigt, dass noch viele andere Möglichkeiten zur Verbesserung des Programmkonzepts existieren. Weitere Schnittstellen mit anderen Programmen sind zum Beispiel vorstellbar.

Zusammenfassend kann man formulieren, dass den Programmierern gerade mit den in dieser Seminararbeit erläuterten Konzepten mehr Freiheiten in der Programmierung mit C# eingeräumt wurden. Gleichermaßen wird an jeder Stelle auf die bedachte Nutzung und verantwortungsvollem Einsatz dieser hingewiesen, da die unsachgemäße Handhabung zu Problemen führen kann. Die Entwickler der Programme sollten sich der richtigen zusätzlichen Verwendung der erläuterten Konzepte bewusst sein. Implizit typisierte Variablen und dynamische Objekte sollten nicht als Ersatz für bisherige Verfahrensweisen betrachtet werden. Es gilt weiterhin nachträgliche Fehler zu vermeiden und dem bisherigen Anspruch, einer typsicheren Sprache, von C# gerecht werden zu können.

Literaturverzeichnis

A. Schriften:

Albahari, Joseph; Albahari Ben (2010): C# in a Nutshell, O'Reilly Media Sebastopol, 4.Edition, 2010.

Gumm, Hans Peter; Sommer Manfred (2006): Einführung in die Informatik, Oldenbourg Verlag München, 7. Auflage, (2006).

Gunnerson, Eric: C# (2000), Die neue Sprache für Microsofts .NET-Plattform, openbook Online-Version, http://www.galileocomputing.de/, Galileo Press 2000.

Kühnel, Andreas: Visual C# 2008, Das umfassende Handbuch, openbook Online-Version, http://www.galileocomputing.de/, Galileo Press 2007.

Mössenböck, Hanspeter (2009): Kompaktkurs C# 4.0, dpunkt.verlag Heidelberg, 3.Auflage, 2005.

Pierce, Benjamin C. (2002): Types and programming languages, The MIT Press London, 2002.

Roden, Golo (2008): Auf der Fährte von C#, Springer Verlag Heidelberg, 2008.

*Duden - Das große Fremdwörterbuch (*2007): Herkunft und Bedeutung der Fremdwörter. Dudenverlag Mannheim, 4. aktualisierte Auflage, 2007.

Duden - Das Synonymwörterbuch (2006): Ein Wörterbuch sinnverwandter Wörter, Dudenverlag Mannheim, 4. Auflage, 2006.

B. Internetquellen:

http://blogs.msdn.com/b/csharpfaq

www.developerfusion.com

http://dotnet.jku.at

http://en.csharp-online.net/CSharp_Language_Specification

http://lucacardelli.name/Papers/BasicTypechecking.pdf

http://microsoftpdc.com

http://msdn.microsoft.com

http://msdn.microsoft.com/en-us/vcsharp

http://msdn.microsoft.com/en-us/library

http://msdn.microsoft.com/de-de/vstudio

http://standards.iso.org/ittf/licence.html

http://synonyme.woxikon.de

www.cis.upenn.edu/~bcpierce/types/archives/1988/msg00042.html

www.codeproject.com/

www.devhood.com/training_modules

www.duden.de

www.galileocomputing.de

www.leo.org

www.microsoft.com